L. ROUIRE

SÉCURITÉ, OFFICES MINISTÉRIELS

EN

ALGÉRIE

*Lettre d'un Paysan du Désert à Monsieur le Procureur Général
de la République, près la Cour d'Appel d'Alger*

ORAN

TYPOGRAPHIE & LITHOGRAPHIE Paul PERRIER

15, Boulevard Oudinot, 15

1892

L. ROUIRE

SÉCURITÉ, OFFICES MINISTÉRIELS

EN

ALGÉRIE

---

*Lettre d'un Paysan du Désert à Monsieur le Procureur Général
de la République, près la Cour d'Appel d'Alger*

ORAN

TYPOGRAPHIE & LITHOGRAPHIE Paul PERRIER

15, Boulevard Oudinot, 15

1892

SÉCURITÉ, OFFICES MINISTÉRIELS

EN ALGÉRIE

Brézina, Sud Oranais, aout 1892.

A Monsieur le Procureur Général de la République près la Cour d'Appel d'Alger.

> Il ne faut point juger des gens sur l'apparence
> . . . .
> . . . . Quant à l'autre voici
> Le personnage en raccourci.
> Son menton nourrissait une barbe touffue,
> Toute sa personne velue
> Représentait un ours, mais un ours mal léché.
>
> *(Le Paysan du Danube,* La Fontaine).

Monsieur le Procureur Général

Je suis colon nomade dans les Hauts-Plateaux, de passage à Brézina, tribu des Ouled Sidi Cheik. J'espérais rencontrer M. le Gouverneur Général qui sait se donner de la sécurité, en s'octroyant une nombreuse troupe et un Général Inspecteur de corps d'armée. Il n'est pas venu. Je l'ai vivement regretté, car j'aurais sollicité bien humblement de sa haute bienveillance, un peu de cette sécurité qui l'escorte et galope avec lui.

Qui suis-je ? Que vous importe. Un illettré qui vous donne son portrait dans les vers ci-dessus. Mon photographe est ce bon Jean de La Fontaine. On n'en trouve pas tous les jours de cette valeur. Il m'a même conseillé de vous écrire le premier vers de sa merveilleuse fable. Soyez assez aimable et bon pour écouter son conseil en me lisant.

Le Danube, hélas ! ne *serpente pas son immense masse* d'eau bleue dans nos régions élevées et tant soit peu désertes. Il en est de même de *la sécurité*. On ne l'y trouve guère, je vous l'affirme. Permettez-moi de vous en parler, car il m'est arrivé, dans la broussaille, d'apprendre que vous vous en occupiez.

Je ne vous dissimule pas que cette nouvelle m'a fait éprouver un sensible plaisir. C'était en novembre ou décembre dernier. Entre parenthèses il faisait un froid de loup dans nos régions chaudes. Je chevauchais dans l'alfa avec un vaillant adjudant, votre subordonné, Monsieur le Procureur Général. Il allait assigner un arbi qui devait à un juif. Ce brave adjudant qui, comme vous le savez, est plusieurs fois officier ministériel, étant en même temps notaire, greffier, huissier, commissaire-priseur, curateur aux successions vacantes, ce brave adjudant me fit savoir qu'il était question de donner la sécurité partout; que vous, jeune magistrat, car vous êtes jeune à ce qu'on m'a dit, alliez enfin faire ce que MM. les Gouverneurs Généraux passés et même présent n'avaient jamais fait. La sécurité allait être assurée par la création de nouvelles justices de paix, qui ne coûteraient rien au budget, vu que tous les officiers ministériels, sauf les défenseurs et avoués, en feraient les frais.

J'étais ravi, je vous le jure. Je quittai l'adjudant, huissier ce jour-là, en lui disant *adieu*. Là haut on ne se dit pas *au revoir* quand on voyage tout seul. Vous comprenez certainement pourquoi.

Votre idée m'avait séduit rudement. D'autant plus que j'avais pensé à quelque chose d'approchant, il y a quelque quinze ans. Mais un pauvre diable de coureur d'alfa de mon espèce, cela ne compte pas, me disais-je. On se moquera de toi, et j'avais laissé courir mon idée dans le sable. Elle s'y était perdue, vous me l'y avez fait retrouver.

Je ruminais votre projet, je le comparais au mien.

Pardonnez mon audace de vieux roulier sans route. Il y a là quelque chose, me disais-je. Je ne me pressais pas. De temps en temps ma bonne jument noire interrompait le cours de mes réflexions, en franchissant une botte de diss ou en sautant un tas de sable. J'allais toujours. Si vous saviez ce que les plaines sont longues ici. C'est inouï. Mais cela vous élargit les idées aussi.

J'arrivais à Naâma, qu'on pourrait appeler Bourbon-Luxembourg, vu que beaucoup de députés et de sénateurs y sont venus en touristes.

Toute la nuit j'ai rêvé et j'ai même dormi d'une seule traite, ce qui m'arrive très rarement quand je suis *ici*. Mais grâce à votre sécurité, j'avais été empoigné par le sommeil.

En reprenant le lendemain ma chevauchée dans l'alfa je pris une résolution. Vous faire connaître ce que mon pauvre petit intellect avait produit, il y a longtemps, et le soumettre à votre haute appréciation.

Et, ma foi, chez un rustre comme moi, résolution prise, résolution exécutée. J'ai mis du temps à vous écrire cette lettre, mais ce n'est pas de ma faute, j'ai fait ce que j'ai pu. Il me fallait les documents. Ce n'est pas commode par ici de se les procurer. Grâce à l'adjudant que j'ai trouvé chez lui, au moment où il exerçait le notariat, sortant de l'audience où il venait d'être greffier, j'ai pu les avoir. Il a même été très obligeant. Il m'a demandé avis. Il s'agissait de rédiger une procuration pour deux braves troupiers qui devaient toucher du bien au pays. Il était gêné, je l'étais autant que lui. Cahin, caha, il fit la procuration. Restait à fixer l'argent. Pour cela je pus le renseigner, car ces satanés receveurs de l'enregistrement et du timbre, ils vous ont un tel moyen de vous apprendre ce qu'on doit en vous contraignant à payer, qu'on ne l'oublie plus.

Mon adjudant, qui devait être le lendemain commissaire-priseur, vu qu'on vendait un commerçant en liquides déclaré en faillite, mon adjudant me prêta un agenda de 1889 donnant la liste nominative de tous les officiers ministériels de France, de Navarre, Algérie et Colonies. Lui seul et ses collègues militaires étaient omis. Nous n'avons jamais pu nous expliquer pourquoi. L'éditeur doit être ennemi des cumulards. Depuis j'ai pris des notes, et prévoyant que M. le Gouverneur Général passerait à Brézina, j'emportais mes papiers, j'en pris du tout blanc, des plumes, de l'encre et je vins. Je n'ignorais pas que le voyage officiel serait plus lent que mon voyage particulier. Je m'étais dit que je recopierais tout cela ici. M. le Gouverneur Général n'est pas venu. Je n'ai pas perdu mon temps puisque j'ai eu celui de vous écrire.

Maintenant, M. le Procureur Général, ayez de la patience comme les Pères Conscrits du Sénat romain, et bien que vous soyez beaucoup plus jeune qu'eux, suivez je vous prie mon raisonnement.

La sécurité, c'est un besoin de première nécessité pour l'Algérie, n'est-ce pas. Il nous la faut donc à tout prix. Pour l'avoir deux choses sont indispensables : 1° *une bonne organisation* ; 2° *de l'argent pour faire vivre cette organisation.*

C'est drôle comme nous sommes d'accord tous les deux, c'est bien cela. Et dire que dans le temps j'avais pensé comme vous. J'en suis fier, allez.

L'organisation pour vous, c'est la multiplication des juges. L'argent ce sont les officiers ministériels qui vous le fourniront, sauf les défenseurs et avoués,

Eh bien ! pour moi, l'organisation, ce n'est pas la multiplication des juges, mais l'argent , ce sont les officiers ministériels, tous sans exception, y compris ceux qui sont députés, qui le donneront.

Voilà que nous ne sommes plus d'accord. Cela m'ennuie car j'aurais bien voulu toujours penser comme vous.

J'ai peur, oui j'ai peur que cela ne me nuise dans votre esprit et dans celui des gens compétents. Je crois que c'est comme cela qu'on dit.

Enfin vous excuserez votre ancien.... en âge seulement, je n'ai, en effet, jamais été professeur de droit, ni magistrat.

Mais voyez il me semble que je m'embrouille. Reprenons mon raisonnement. Le primo, je crois, c'est l'organisation. Oui c'est bien cela. J'aborde le primo.

Le primo, je le subdivise en trois, savoir : Suivez-moi bien. Ce que je redoute de m'embrouiller ! Je dis donc en trois, savoir : *Responsabilité collective de la Tribu,* — *Création de routes,* — *Création de chemins de fer.*

Hein, quelle différence entre nous deux !

Vous, vous en êtes pour les juges, cela se comprend. Mais voyons, qu'est-ce qu'il fait un juge ? Il condamne parbleu, allez-vous me dire. C'est vrai (suis-je naïf ?). Eh bien, là, vous croyez qu'il n'y en a pas assez ! Il me paraît à moi que vous, qui en êtes le chef, vous êtes, étant donné leur nombre, à la tête d'un vrai bataillon. La condamnation a du bon, c'est encore vrai. Mais qu'est-ce que cela peut bien faire au pauvre diable assassiné, étranglé, estropié par un gredin ? Ce dernier est condamné, occis au besoin ; la victime préférerait qu'il ne fût ni condamné, ni occis, et avoir sa vie, son œil, ses membres en parfait état.

C'est peut-être pas bien juridique (est-ce l'expression ?) ce que je raconte là. Toutefois il me semble que c'est du bon sens. A présent, vous savez, comme professeur de droit, vous en connaissez plus long que moi, et peut-être que le bon sens et le droit sont deux choses différentes.

Je continue. Il vaut mieux empêcher un malfaiteur de casser la tête à quelqu'un que de le condamner parce qu'il la lui a cassée. Un vieil avocat, ami de mon vieux colon de père, disait toujours cela. Tout moutard je l'écoutais et je trouvais qu'il avait raison. Cette drôle d'idée m'a pénétré, elle s'est ancrée dans mon cerveau. J'ai lu dans un livre de droit du vieux temps, que les moyens employés pour cela s'appelaient des moyens, voyons ... voyons.... oui, j'y suis .. . préventifs. Quel langage baroque ! Et dire que nous autres, les gens des Hauts-Plateaux, nous croyons mal parler le français. Enfin passons.

Eh bien ! j'ai souventes fois pensé aux moyens préventifs, comme on dit à l'école de droit. Les Arabes voyez-vous, M. le Procureur Général, c'est pas des mauvaises bêtes. Je n'ai pas eu besoin de M. Pauliat pour le savoir. Les colons non plus ne sont pas de mauvaises bêtes. Les opinions de M. Pauliat ne me convaincront pas du contraire. Tout ce monde-là raisonne avec parti-pris, voilà tout. L'Arabe dit : « Tu es chez moi, va-t'en. » Le colon dit : « Je suis chez moi, j'y reste. » Le plus difficile est de les mettre d'accord.

Ce n'est pas en laissant massacrer et voler le colon et en condamnant l'Arabe à mort ou au bagne que nous y arriverons. Ce n'est pas du droit ce que je dis là, c'est du bon sens. Il faut donc chercher autre chose. C'est ce que vous avez fait et c'est ce que j'ai fait. Vous avez raisonné en magistrat, j'ai raisonné en paysan. Voilà ce qui nous divise, mais le but est le même, croyez-le : Faire le bien.

Pour moi il faut dans nos vastes territoires, Tell ou Hauts-Plateaux, créer non pas des juges qui condamnent, mais une police qui prévienne le crime. Ouf ! ce qu'il m'a fallu trimer pour écrire ces deux lignes. C'est pas commode quand on n'en a pas l'habitude.

Faire de la police en territoire arabe, je le déclare d'avance, c'est impossible pour des Français. J'en appelle à tous les colons, à tous les commerçants, à tous les fonctionnaires qui ont vécu chez l'indigène. La police en territoire arabe ne peut être faite que par les Arabes. Juges de paix (vos favoris), gardes-champêtres, maires, gendarmes, officiers du bureau arabe n'y verraient que du bleu. C'est une vérité celle-là qui va réjouir M. Pauliat, mais c'est bien une vérité. Pourquoi là, entre nous, ne pas en convenir.

Si vous êtes de mon avis, recherchons ensemble le moyen de l'organiser. Mais je crois que je deviens d'une familiarité campagnarde. Pardon de mon audace. Un pauvre colon ça ne connaît pas les usages du grand monde. Je vais chercher tout seul. Pardon de la liberté grande.

C'est ici que commence la difficulté. *Faire surveiller l'Arabe par l'Arabe.* Tu es chez moi, va-t'en, dit-il au colon, et il faut l'amener à rassurer le colon au point de le faire rester chez lui. Eh bien, cela est tout simple. Il faut intéresser les Arabes à empêcher le crime et s'ils n'y parviennent pas, ce qui sûrement se produira quelquefois, il faut les intéresser à découvrir les criminels. Pour cela il faut rendre l'Arabe responsable du crime commis dans le territoire de sa Tribu.

Qu'ai-je écrit, bon Dieu ! qu'ai-je écrit ! Et les principes de justice, d'humanité, qu'en faites-vous donc ?

J'avoue que lorsque l'indigène assassine mon voisin, viole sa fille, pillé sa maison, il s'occupe fort peu de savoir si le principe de justice et d'humanité est foulé par sa babouche. Quant à tous ceux qui l'entourent et le protègent, qui le cachent et déroutent les investigations de vos magistrats, ceux-là s'en soucient encore bien moins. Ils sont même très malins, ils dénoncent des innocents pour sauver les coupables de leurs Çofs. Les exemples abondent. C'est encore la vérité qu'un pauvre paysan vous débite.

Tenez, dans ma modeste et petite jugeotte, je me suis toujours demandé pourquoi l'Etat rendait la Tribu responsable de l'incendie de forêt survenu sur son territoire, et pourquoi il criait à l'injustice, quand il s'agissait de protéger les personnes et les biens des particuliers, par le même moyen.

Peut-être bien que les forêts de l'État valent mieux que les récoltes d'un particulier, et qu'elles sont bien supérieures à sa fille, à sa femme et à sa tête.

C'est sûrement ce que se sont dits tous les gouverneurs et fonctionnaires de l'Algérie. J'ai tort, évidemment j'ai tort, voilà ce que c'est. Cela t'apprendra à vouloir faire du bon sens vulgaire au lieu de faire du droit. Car c'est sûrement du droit le principe appliqué par le gouvernement. Ce n'est sûrement pas du..... allons qu'allais-je écrire ? Oui, oui, ne nous fâchons pas, que diantre. C'est du bon sens..... *E pur si muove*, a dit un brave homme de l'ancien temps, du nom de Galilée, je crois. Je dis comme lui.

Aussi je persiste comme un vieil entêté à vouloir la responsabilité collective de la Tribu. Et vous, Monsieur le Procureur Général ? Je suis persuadé que si vous n'étiez pas tenu par les devoirs de forme de votre haute situation, vous seriez de mon avis.

Je mets cependant un correctif à ma proposition. Bien que colon et dévorant à chacun de mes maigres repas un Arabe, (demandez à Monsieur le sénateur Pauliat) j'ai toujours payé tous ceux qui travaillaient pour moi. C'est l'habitude chez nous autres, les Arabes vous le diront. Je suis d'avis qu'il faut payer et bien payer l'Arabe qui montera la garde, de jour et de nuit, pour me garder et se garder aussi. De temps à autres, en effet, ces braves gens se cassent la tête entr'eux et se volent. Ils ont peut-être une excuse, ils s'imaginent cogner et voler un colon.

Cette excuse toute puissante doit disparaître. Payons-les donc. Ils feront du service de police puisqu'ils ne font pas du service militaire, et s'ils font mal leur service on les punira tout comme des troupiers. Est-ce injuste voyons entre nous ce que je dis là, Monsieur le Procureur Général ?

Chaque fois qu'un de mes voisins a été pillé ou assassiné, nous avons, comme de juste, essayé d'attraper les bandits. Remarquez, Monsieur le Procureur Général, que nous ne sommes pas payés pour cela. Il nous arrive même de payer de notre poche les voleurs arabes qui nous ramènent les bêtes qu'ils nous ont volées. Ils appellent cela la *bécharra*, et je vous affirme que les fonds secrets de Monsieur le Gouverneur Général ne nous ont jamais remboursé nos avances, ni payé notre perte.

Savez-vous ce qui nous a le plus gêné dans nos poursuites, et ce qui a le plus favorisé les bandits? C'est encore tout simple, allez : C'est le défaut, c'est l'absence de routes. Vous ne vous faites pas une idée de ce que c'est embêtant. Tenez, si vous ne me croyez pas, demandez-le à vos juges, à vos gendarmes.

Avec de bonnes et de nombreuses routes, vous diminuez les distances, vous augmentez la circulation de jour et de nuit, vous cantonnez le passage des gens dans des limites certaines, vous permettez aux recherches de se faire plus vite et, ce qui n'est pas à dédaigner, vous donnez aux secours les moyens d'arriver plus promptement. Mais ce que vous facilitez le plus encore c'est la surveillance préventive. C'est là ce qu'il faut surtout chercher. Il vaut mieux garantir une tête que d'en payer la casse.

Voyez-vous, Monsieur le Procureur Général, une bonne route de trente kilomètres vaut mieux, sauf votre respect et celui de la magistrature, que deux juges de paix.

Ce que je viens de dire des routes s'applique à plus forte raison aux chemins de fer. Si les routes préviennent le vol en détail, les chemins de fer préviennent en outre le brigandage en grand : *Les insurrections.*

En avez-vous vu des insurrections ? Je ne le crois pas. Ce n'est pas beau, allez. La responsabilité collective de la Tribu n'est rien à côté de ces énormes meurtres, de ces monstrueux pillages. Elle nous évitera pour une bonne part le retour de pareils crimes. Cette certitude seule doit suffire pour justifier son établissement. Si nous l'avions eue il y a quelque dix ans, on aurait connu plus tôt les agissements des rebelles et le chemin de fer eut évité les massacres de Kralfallah et autres lieux.

Vous ne vous faites pas une idée du changement qui s'est produit par ici depuis que la locomotive a fait entendre son sifflet. Vous devriez bien venir pour voir ça. Vous êtes jeune, que diable, cela ne vous fera que du bien. Il fait bon air ici, même quand il fait chaud. Vous y trouverez vos juges de paix militaires, vos officiers ministériels sous-officiers. Votre visite leur ferait plaisir et à nous autres colons aussi. Vous constaterez par vous-même que le chemin de fer a presque créé la sécurité, et flatterie à part, sans juge de paix. Que voulez-vous les faits sont là, ils font plus que les raisonnements.

Ouf ! J'en ai terminé, je crois, avec le primo de mon histoire. Pourvu que je ne me sois pas trop embrouillé. Je me retrouverai plus tôt dans le plateau d'El May, et ce n'est pas peu dire.

Passons donc, avec votre permission, à mon secondo : *Trouvez-moi de l'argent.*

Vous avez pensé pour cela aux officiers ministériels, sauf aux défenseurs et avoués. Moi aussi ! Vous voyez nous voilà encore d'accord. Ceux que vous visez dans votre projet, deviennent des fonctionnaires et partagent avec l'État. Moi je les prends tous sans exception, les députés compris, et je n'en fais pas des fonctionnaires.

Comment expliquer cela ? C'est pas commode. Voilà le chiendent comme disent les zéphirs du 1er Bataillon. Enfin j'ai peu l'habitude du monde habité, c'est si désert ici, vous excuserez un ancien. A cette condition je me lance.

Il faut que je vous raconte comment ça m'est venu il y a bientôt 15 ans. Je voulais acheter dans le Tell un terrain à un Arabe. Il disait que c'était un melk, je disais que c'était un sabega. Nous allons chez le notaire. Comme je payais comptant, quoiqu'en disent les amis de M. Pauliat, je tenais à être en règle. Mon notaire se mit à la besogne avec un de ces dévouements et un acharnement que je n'ai jamais vus à des fonctionnaires. Il me dit : Signez, la loi de 1873 vous protège. Je signe et mon Arabe en fait autant. Je le paie et il m'adresse son plus gracieux sourire. Vrai, nous étions contents tous les deux. J'étais fort tranquille, lorsqu'un beau jour l'adjudant arrive dans ma cahute. J'étais heureux de le voir. Au moment où je lui serre la main il me présente un papier timbré. Il était huissier ce jour-là. Je frissonnais.

— Il faut que je parte tout de suite, lui dis-je ?

— Non, il y a le délai des distances.

— Mais qu'est-ce que c'est ?

— Ce n'est rien, on vous appelle au Tribunal civil.

Je respirais plus librement.

Si les Arabes avaient peur comme moi de la justice, quelle sécurité nous aurions ! Malheureusement.....!

Je prends mon papier, je dis toujours adieu à l'adjudant et je lis. Je n'y ai rien compris.

Je descends dans le Tell trouver un charmant homme, un avoué. Ce que ces messieurs sont aimables, Monsieur le Procureur Général, vous ne vous en faites pas une idée ! Jamais je n'ai rencontré chez les fonctionnaires dans l'exercice de leurs fonctions un pareil accueil. Quel dommage s'ils deviennent fonctionnaires ! ! !

Je lui remets mon grimoire. Il lit. Ce n'est rien me dit-il, l'Arabe veut garder votre argent et vous reprendre votre terrain parce qu'il est sabega ; mais la loi de 1873 vous couvre, la vente n'est pas nulle. C'était comme chez le notaire. Je le prie alors de m'expliquer ce que mon farceur d'Arabe vendeur invoquait, pour me reprendre le terrain sans me rendre mon argent.

Alors voilà mon avoué qui me raconte qu'il y a d'abord l'ordonnance de 1844, puis la loi de 1851, puis le sénatus-consulte de 1863, puis le décret de 1866 ; que tout cela donne raison à l'Arabe, mais a été démoli par la loi de 1873.

Je me souvins alors du sourire de l'Arabe quand je le payais, et je priais mon avoué de me prévenir de l'audience.

Il le fit. J'assistais au débat, mon Arabe aussi. Si vous aviez vu les avoués se démener, c'était superbe : 44, 51, 73, 63, 66, on entendait que cela. Ils se jetaient ces dates à la tête, et les articles et la loi arabe et la loi française et même la loi juive, car il paraît qu'il y a un sénatus-consulte de 65 qui s'occupe des Juifs. J'ai cru un instant que j'étais à la mosquée et à la synagogue.

Et puis voilà moi j'avais trompé l'Arabe, et l'Arabe ne voulait pas me tromper en gardant mon argent et reprenant sa terre. J'en devenais fou. En sortant de là j'admirais les avoués, mais vrai je plaignais les juges. Non, jamais des fonctionnaires ne se donneraient autant de mal!

Bref, je perdis mon procès, je rendis le terrain et l'Arabe garda mon argent. J'avais payé le notaire, je payais les deux avoués. Vrai ils n'avaient pas volé leur argent.

Il m'est revenu depuis que les tribunaux ont changé tout cela. Que pendant près de dix ans j'aurais eu tort, mais que si mon Arabe me poursuivait maintenant c'est moi qui aurais raison. En voilà de la déveine ! Passons.

De tout cela il m'était resté un souvenir vivace. J'avais pas mal donné d'argent au notaire et aux avoués et comme j'avais vu beaucoup de monde chez eux, j'ai supposé que ce monde payait aussi.

Cela doit rapporter gros, me disais-je, d'être notaire, avoué. Que peuvent bien être ces fonctions ? Mon vieux colon de père avait laissé quelques bouquins, un entre autres appelé : *Les trente-six Codes.* Je cherche. Mais pas plus d'avoué, de notaire, que sur ma main.

Il y en avait donc plus de 36! J'avais trouvé moi que c'était suffisant. Je renonçais à chercher tout seul. J'étais locataire d'un grand terrain à alfa du côté de Modzbah, et j'avais comme marqueur à une de mes bascules un ancien greffier de paix. Je le fis venir et il me renseigna.

Je retins de toutes ses explications que toutes les charges en Algérie appartenaient à l'Etat qui les donnait, tandis qu'en France elles se vendaient. Que je ne m'étais pas trompé en disant que cela donnait de bons revenus.

Ce don me trottait dans la tête.

Un jour que je visitais mes chantiers, on me remit une lettre. Elle émanait du receveur. Je devais payer mes locations.

Ah ça mais, me dis-je, je paye moi pour exploiter l'alfa, pourquoi l'avoué, le notaire et autres ne paieraient pas pour exploiter le code civil, le code de procédure, voire même celui du commerce ? C'était encore une des explications du greffier qui me revenait. Il paraît que les charges c'est cela. Vous devez le savoir mieux que moi vous, Monsieur le Procureur Général.

Je m'entêtais comme un mulet sur cette idée. Oui je paye une propriété appartenant à l'Etat, ils doivent, eux aussi, payer la charge propriété de l'Etat.

La pensée me vint qu'il fallait la leur vendre. Mais à moi, on ne m'avait pas vendu le terrain à alfa. Et puis le greffier mon marqueur m'avait dit, que si l'on vendait la charge on ne pourrait plus changer les trente-six codes. Et comme ma foi j'avais été étrillé avec le cinquantième, (je suppose que la loi de 73 figure dans ce numéro) la vente ne m'allait pas. Vous comprenez on ne pourrait plus changer.

J'allais payer mes redevances et je songeais toujours à cette irrégularité. C'est juste au moins ce que je dis là, Monsieur le Procureur Général. C'est que voyez-vous j'ai peur de m'embrouiller dans les feux de file. La procédure, la loi civile, celle de 73 surtout et le sénat-consulte de 63, ça se contredit au point que les Messieurs du métier ont dit blanc il y a 10 ans et qu'ils disent noir aujourd'hui.

J'ai été pincé une fois, je ne voudrais pas l'être une seconde......... moralement s'entend.

. Enfin je continue. Je remontais de Saïda à cheval. Tout à coup à Bou-Rached je m'écrie : Idiot, imbécile, comment tu n'as pas trouvé cela plus tôt ? J'étais si heureux que machinalement j'enfonçais mes éperons dans les flancs de ma jument. Je me demande encore aujourd'hui comment je ne me suis pas cassé la tête. Ah la bonne bête va ! Quel bond mes amis ! Enfin je me retins et avec moi mon idée. C'était encore simple. Il n'y a qu'à louer l'exploitation des trente-six codes. Remarquez que je m'arrête à ce chiffre car il y en a plus que ça sûrement. Je n'ai jamais pu trouver dans mon bouquin les sénatus-consultes de 65 relatifs aux juifs et aux Arabes. Oui louons l'exploitation des trente-six codes, comme on loue le terrain à alfa.

Puis encore on m'avait dit que les charges étaient données à la protection. Je pensais qu'il ne devait pas en être de même des locations. On met aux enchères les terrains à alfa, qu'on mette en adjudication l'exploitation des 36 codes.

Hein ! que pensez-vous Monsieur le Procureur Général de mon idée ?

Et alors depuis je creuse cette idée, je la fouille, je la tourne, je la retourne, et c'est drôle je la trouve assez bonne.

Voyez ce que c'est que d'habiter les Hauts-Plateaux. C'est tellement vaste que je vous le répète cela vous élargit les esprits. Tenez, sans la location des grands terrains à alfa, je n'aurais pas trouvé la location de l'exploitation des 36 codes.

Non là, vous devriez bien y venir.

Depuis je me suis renseigné, j'ai cherché, mon greffier marqueur m'a aidé, bref, j'ai pu organiser quelque chose dans ma caboche. J'ai fait ensuite le compte à l'aide de l'agenda de 89, que l'adjudant m'a prêté quand il fonctionnait comme notaire.

Maintenant j'y suis, j'ai l'argent. Eurêka, j'ai trouvé ! comme disait l'ancien appelé Archimède. Seulement lui est sorti du bain vêtu comme un Arabe qui a chaud, moi plus pudibond j'ai failli me casser la tête avec ma jument.

Eh bien ! voyons ce que j'ai trouvé. J'ai commencé, il faut aller jusqu'au bout, patience allez, j'ai bientôt fini.

Prenons un style de législateur ! Vous permettez à un paysan ? J'écris :

Toutes les charges d'officiers ministériels seront mises à l'avenir en adjudication publique.

Sont comprises, dans les charges : les conservations des hypothèques, les places de courtier maritime, de syndic de faillites et de curateur aux successions vacantes.

C'est qu'ils gagnent gros encore tous ces Messieurs, je vous en réponds.

Ne seront pas mises en adjudication les charges produisant moins de 6000 francs par an brut.

Tenez, Monsieur le Procureur Général, vous parlez d'augmenter les justices de paix. Si vous saviez ce que dans certaines d'entre elles les greffiers, huissiers et interprètes y meurent de faim. Non il ne faut plus en créer. Les routes et les chemins de fer cela vaut mieux croyez-moi.

Nul ne pourra concourir à l'adjudication s'il ne réunit toutes les conditions de nationalité, d'âge et de capacité actuellement exigées, pour être officier ministériel et remplir les fonctions ci-dessus.

L'adjudication aura lieu aux enchères publiques à l'extinction de trois feux au tribunal chef-lieu du département.

L'adjudication aura lieu dans les trois mois au plus tard qui suivront la vacance d'une charge.

La durée de la location sera fixée à 25 années consécutives. Le prix de la location sera payé par 25me, annuellement, en deux termes de six mois en six mois. Les cautionnements actuels sont maintenus.

Voilà dans les grandes lignes mon idée, Monsieur le Procureur Général.

Je crois que cela a du bon.

D'abord plus de faveur, plus de protection. Tous ceux qui réunissent les conditions peuvent enchérir.

Les pauvres comme les riches peuvent se présenter. Le prix est payable en 25 ans. Ainsi un adjudicataire loue sa charge 25,000 francs, il paie mille francs par an.

Je n'augmente pas le nombre des fonctionnaires. Je garde des avoués charmants, des notaires aimables, et des huissiers gentils. C'est un comble cela, comme on dit à Paris sur les boulevards.

Je laisse plus de liberté d'indépendance aux officiers ministériels, qui ne seront plus les tributaires de M. X., député, Y., sénateur. **Leur dignité d'homme y gagnera.**

Du coup, je supprime un labeur énorme aux sénateurs et députés, procureurs, juges, etc. Oui plus de présentations, plus de candidatures. C'est alors que nos législateurs d'Algérie, ayant ce souci de moins, pourront consacrer le temps qu'ils employaient à ces détails d'ordre privé, à des choses d'ordre public plus utiles. Ah ! mais le télégraphe y perdra. Mon greffier marqueur me disait : Vous ne savez pas ce qui s'expédie de dépêches pour remplacer un interprète, rien qu'un interprète. Quant aux gros bonnets, notaires, avoués, les députés, sénateurs et télégraphistes sont sur les dents.

Vrai je ne me doutais pas de ce point de vue de la question. Ce sont ces Messieurs du Parlement qui vont me bénir. Les larmes m'en viennent aux yeux. Quelle économie !

Et puis il y aura un cahier des charges, comme pour les terrains à alfa. *On y mettra que l'on pourra changer les 36 codes sans que le locataire puisse se plaindre.* Et puis un tas d'autres choses.

Mon greffier marqueur m'a raconté aussi une autre affaire et c'est pas facile à expliquer.

Il m'a dit que la marchandise produite par l'exploitation des 36 codes, c'était comme les autres marchandises. Qu'il y avait un tarif, mais que voilà, le tarif des 36 codes n'était pas aussi clair que le tarif de la douane ou de l'octroi. Qu'il fallait changer cela et le rendre plus clair.

Il m'a même juré que quelquefois la même marchandise on la tarifait 15 francs à Alger, 20 francs à Blidah et 30 à Constantine par exemple. Que cela dépendait beaucoup du juge...... du juge...... comment l'appelle-t-il ?...... du juge taxateur je crois. Vous comprenez vous, Monsieur le Procureur Général, si c'est pas comme cela qu'il s'appelle.

J'avoue que j'ai été étonné. Il est vrai qu'après le coup de la loi de 73 et du sénatus-consulte de 65, pas celui des juifs, j'aurais dû ne pas être surpris. Aussi ajoutait mon greffier, il faudrait que le juge ce soit comme le douanier. Qu'il ait pas d'opinion. Le vin cela paie tant les cent litres et le douanier ne se trompe pas. Eh bien il faudrait par exemple que les lignes d'écritures cela soit payé tant les cent lignes et que le juge ne se trompe pas. Vous comprenez. Et je crois que tout le monde serait content, oui très content. Je ne sais pas si je me suis bien expliqué.

Et puis il y aurait encore la composition du bureau et beaucoup d'autres détails. Mais ce ne serait rien à arranger. Pas par moi, par exemple, parce que vrai tout ce que m'a raconté mon greffier marqueur s'est embrouillé dans ma vieille caboche de colon.

J'ai voulu après avoir fait, comme disent les savants, mon exposé de principe, arriver à la question pratique : *L'argent.*

C'est le nerf de la guerre a dit un ancien. C'est le nerf de la sécurité aussi. Alors vous comprenez j'ai dressé le décompte.

Vous avez dû faire votre année de service, Monsieur le Procureur Général. De mon temps on faisait 7 ans. Là j'ai appris à compter parce que j'ai servi dans l'artillerie. Cette arme a du bon à ce point de vue. J'ai été élève brigadier fourrier. C'est tout ce que j'ai pu donner. Mauvaise tête et voilà. N'empêche que c'était un beau temps, on était jeune.

Ce que j'en ai fait des états, vous ne vous en faites pas une idée. Et puis il fallait savoir la ronde, l'anglaise, la bâtarde, etc, etc. Moi j'ai toujours eu une écriture détestable. Si le chef m'a gardé au bureau, c'est que le fourrier lui a toujours dit que j'étais un bon garçon, aussi j'ai pas réussi à cause de l'écriture surtout.

Bref je me suis rappelé les états de situation. Alors j'ai pris les renseignements de mon greffier marqueur, l'agenda de 1889 de mon ami l'adjudant, et j'ai fait l'état de situation des officiers ministériels en Algérie. Ah si le chef était là ! C'est lui qui en serait ébouriffé ! Vous comprenez nous qui faisions les états des bêtes, du matériel, des poudres, etc., etc., faire la situation des officiers ministériels ! Il n'y verrait que du bleu. J'avoue qu'au début j'étais comme lui. C'est mon greffier marqueur qui m'a inculqué la chose.

Je vous donne donc mes trois états de situation par département :

ÉTAT n° 1. — Département d'Alger

NATURE des CHARGES	NOMBRE total des charges	CHARGES qui produisent	REVENU locatif moyen par chaque charge	REVENU locatif total par nature de charge	REVENU général du département diminué de 1/10
Notaires à la cour..	9	9	6.000 »	54.000 »	
Notaires d'arrondissement	5	5	3.000 »	15.000 »	
Notaires de canton.	15	12	1.500 »	18.000 »	
Avoués à la cour...	8	8	2.000 »	16.000 »	
Avoués de 1re instance	19	19	3.000 »	57.000 »	
Greffier à la cour..	1	1	3.000 »	3.000 »	
Greffiers tribunaux civils, commerce.	5	5	2.000 »	10.000 »	207.000 »
Greffiers de paix...	36	26	500 »	13.000 »	diminué
Huissiers à la cour.	11	11	2.000 »	22.000 »	de 1/10
Huissiers tribunaux	8	8	1.500 »	12.000 »	Reste
Huissiers de paix...	33	23	1.000 »	23.000 »	267.300 »
Commissaires-priseurs	5	5	1.000 »	5.000 »	
Interprètes	46	34	1.000 »	34.000 »	
Conservateurs hypothèques	4	4	2.000 »	8.000 »	
Courtiers maritimes	7	7	1 000 »	7.000 »	
Curateurs successions	4	4	1.000 »	4.000 »	
Syndics de faillites.	10	10	1.000 »	10.000 »	

ÉTAT n° 2. — Département de Constantine

NATURE des CHARGES	NOMBRE total des charges	CHARGES qui produisent	REVENU locatif moyen par chaque charge	REVENU locatif total par nature de charge	REVENU général du département diminué de 1/10
Notaires d'arrondissement	17	17	3.000 »	51.000 »	
Notaires de canton.	8	4	1.000 »	4.000 »	
Avoués	26	26	2.000 »	52.000 »	
Greffiers tribunaux civils, commerce.	9	9	1.000 »	9.000 »	
Greffiers de paix...	38	20	500 »	10.000 »	
Huissiers tribunaux	22	22	1.500 »	33.000 »	233.500 »
Huissiers de paix..	31	20	1.000 »	20.000 »	diminué
Commissaires-priseurs	8	5	1.000 »	5.000 »	de 1/10 Reste
Interprètes tribunaux	7	4	1.000 »	4.000 »	210.150 »
Interprètes de paix	32	20	500 »	10.000 »	
Traducteurs assermentés	5	5	1.000 »	5.000 »	
Conservateurs hypothèques.......	7	7	1.000 »	7.000 »	
Courtiers maritimes	8	5	1.000 »	5.000 »	
Curateurs successions	7	7	500 »	3.500 »	
Syndics de faillites.	15	15	1.000 »	15.000 »	

ÉTAT n° 3. — Département d'Oran

NATURE des CHARGES	NOMBRE total des charges	CHARGES qui produisent	REVENU locatif moyen par chaque charge	REVENU locatif total par nature de charge	REVENU général du département diminué de 1/10
Notaires d'arrondissement	14	14	2.500 »	35.000 »	
Notaires de canton .	7	7	1.000 »	7.000 »	
Avoués	19	19	2.000 »	38.000 »	
Greffiers tribunaux civils, commerce.	6	6	1.000 »	6.000 »	
Greffiers de paix. . .	28	18	500 »	9.000 »	
Huissiers tribunaux	18	18	1.500 »	27.000 »	185.000 »
Huissiers de paix. .	27	17	1.000 »	17.000 »	diminué
Commissaires priseurs	5	4	1.000 »	4.000 »	de 1/10
Interprètes tribunaux	5	4	1.000 »	4.000 »	Reste 166.000 »
Interprètes de paix .	26	16	500 »	8.000 »	
Traducteurs assermentés	1	1	1.000 »	1.000 »	
Conservateurs hypothèques	5	5	1.000 »	5.000 »	
Courtiers maritimes	7	7	1.000 »	7.000 »	
Curateurs successions	5	5	1.000 »	5.000 »	
Syndics de faillites.	12	12	1.000 »	12.000 »	

RÉCAPITULATION

État n° 1, département d'Alger 267.300 00
État n° 2, département de Constantine. 216.150 00
État n° 3, département d'Oran. 166.500 00

TOTAL. 643.950 00

Soit en chiffres ronds 650 000 francs.

Je crois que je n'ai rien omis.

Quand j'ai vu ce décompte j'ai regardé le greffier marqueur. J'ai cru que je rêvais. Ce que c'est de croire à la sécurité. Cela nous fait tant défaut, qu'on dort et on rêve quand on espère l'avoir.

Comment à raison de 999 francs en moyenne par charge j'arrive à *650,000 francs* par an ? Enfoncé M. le Gouverneur Général avec ses 90,000 francs de fonds secrets! C'est du coup qu'il pourra nous rembourser la Becharra. Et encore je réduis du 10 0/0!

Mon ex-greffier souriait malicieusement. Ah! Monsieur me dit-il que nous sommes modestes. Vous pouvez multiplier jusqu'à *deux millions*, et vous aurez acquéreur. Je le regardais. Mais il est fou me disais-je. *Deux millions ! ! ! par an ! ! ! !*

A ce moment arriva mon ami l'adjudant. Il était curateur ce jour là. Il se rendait au chantier de Tin-Brahim pour inventorier ce qu'un malheureux alfatier, décédé la veille, avait bien pu laisser à ses héritiers absents.

Je me levais et le saluais respectueusement. Vous comprenez, Monsieur le Procureur Général, l'adjudant ici est cinq fois officier ministériel en une seule personne. C'est plus fort que le mystère de la trinité. Ce qu'il doit gagner d'argent !

Je lui montrai mes états de situation. Il sourit tristement.

Malin va, que je lui dis.

Alors il m'expliqua qu'il donnerait volontiers ces cinq offices ministériels militaires, contre un office de notaire à Alger dans le civil. Il me dit que depuis qu'il était cumulard, il cumulait les jours de salle de police. Il m'apprit que chaque fois qu'il faisait mal une procuration, ou qu'il se trompait sur les droits à payer au receveur, le commandant supérieur le mettait au bloc : que dans le civil ce devait être autrement, puisqu'on envoyait beaucoup de dépêches aux députés et aux sénateurs pour être nommé ; que s'il pouvait il permuterait parce que vous, Monsieur le Procureur Général, vous ne deviez pas donner du bloc à ses camarades civils du notariat, de l'huis, du commissariat, etc..... Il était navré.

Et moi qui croyais lui faire plaisir en le félicitant. Comme on se trompe tout de même. J'ai compris alors pourquoi on ne mettait pas les officiers ministériels sous-officiers à l'agenda. Ils cumulent la salle de police pour apprendre leur multiple profession.

Néanmoins l'adjudant me dit que j'avais raison, que mes états étaient vrais et il partit. Comme toujours je lui dis adieu. Dans ce satané pays on ne se dit pas au revoir.

Enfin pour l'argent voilà le décompte, je vous offre au minimum *650,000 francs*. Mon greffier marqueur plus érudit vous offre *deux millions*. C'est joli tout de même ce que mon intellect de coureur d'alfa a produit.

Mais je ne me suis pas arrêté à ce décompte. J'étais lancé et dans les Hauts-Plateaux le champ est si vaste, qu'une fois emballé il n'y a plus d'obstacle.

Voilà j'aime la France, vous aussi. Eh bien en France on ne peut rien changer. Nous pouvons nous autres changer la loi de 73 et le sénatus-consulte des juifs et des Arabes. Là bas, ils ne peuvent pas. Les charges s'achètent. C'est le greffier qui me l'a dit. Alors je me suis creusé le cerveau, et j'ai encore crié Eurêka. Heureusement que j'étais pas à cheval sur ma jument. Pour garder ma tête et mon idée je mets immédiatement pied à terre, quand je songe à la sécurité.

Je vais vous narrer comme j'ai trouvé le moyen de louer les charges en France et de supprimer la vénalité. C'est bien ainsi qu'on dit. Si je me trompe c'est pas moi, c'est le greffier mon marqueur.

J'avais chargé un train d'alfa et je menais ma marchandise à Arzew pour l'embarquer. En passant à Port-aux-Poules, je vois un grand rassemblement devant la chapelle. Le Curé discutait avec un Espagnol qui brandissait la clef de la porte. Qu'est-ce que cela pouvait bien être ?

Arrivé à Arzew je demande à mon commis la cause de la dispute du Curé et de l'Espagnol. Ce n'est rien, me dit-il, c'est à cause de la chapelle et des petits cochons. Je restais ahuri.

La chapelle ! les petits cochons ! Expliquez-moi cela. Voilà la chose qu'il m'apprit :

(1) Il y a environ 45 ans, un Espagnol et sa femme habitaient seuls à Port-aux-Poules. Ils avaient une truie pleine qui tomba malade très gravement. Pour la sauver ils firent vœu de consacrer les petits et les petits des petits, toujours et toujours, à Saint-Antoine. Le Curé de l'époque prit acte du serment. La truie fut sauvée et les petits furent gardés et non vendus ni mangés. Ils firent des petits, qui à leur tour

---

(1) Historique.

firent des petits, qui à leur tour firent des petits, etc., etc. Il y eut bientôt un troupeau de trois cents têtes au moins. Le troupeau coûtait et ne rapportait pas. On consulte le Curé. Le cas était grave. Vendre ou manger les cochons c'était un sacrilège, ils étaient consacrés. Le Curé dit alors : Vendez les cochons et avec l'argent vous bâtirez une chapelle à l'endroit où la truie a été malade. Les braves Espagnols le firent. Voilà comment Port-aux-Poules a une chapelle et comment les héritiers des gens aux petits cochons en gardent la clef. Ils se sont brouillés avec le Curé et ils ne voulaient pas lui donner la clef. Il paraît qu'ils ont plaidé à Oran. Je ne sais pas qui a gagné.

Vous comprenez, Monsieur le Procureur Général, que cette histoire de la chapelle aux petits cochons m'a ouvert les idées. Une truie qui produit une maison à l'aide de ses petits et de ses arrière-petits, c'était un capital s'augmentant par les intérêts et les intérêts des intérêts.

Je me suis fait le raisonnement suivant : L'État achète pour cinquante millions de charges en France. Voilà un capital. Ces mêmes charges il les loue, voilà le revenu. Ce revenu il l'emploie à acheter de nouvelles charges qu'il reloue et toujours ainsi, et toujours ainsi, il finira par les acheter toutes au bout d'un certain temps, et il aura dépensé seulement cinquante millions. Et puis quand il aura la propriété de toutes les charges il pourra changer tout ce qu'il y a de mauvais dans les trente-six codes.

Curieux comme un ignorant qui veut s'instruire, j'ai voulu savoir combien cela durerait pour acheter par ce moyen toutes les charges. J'avais pensé comme c'était un compte d'intérêt à m'adresser au juif Nathaniel, fils de Judas, qui nous vend de la mauvaise chandelle pour de la bonne bougie. Puis, je me suis dit : non, il pourrait se tromper en faisant trop rapporter les intérêts des intérêts.

J'ai un ami capitaine au long cours. Les officiers de marine, même ceux du commerce, ça connaît les mathématiques. Je me suis laissé dire qu'ils calculaient en un clin d'œil la distance de leur bateau à la lune et à l'étoile polaire, à l'aide des tables...... oui, c'est cela des tables de logarithmes. Vous devez le savoir vous, Monsieur le Procureur Général. Je me confiais en toute sûreté à lui.

Mon greffier et mon ami l'adjudant, à l'aide de l'agenda de 1889, avaient trouvé que les charges en France pouvaient valoir en capital, *un milliard.*

J'en ai frissonné, je vous l'assure, et ma foi je crois que j'ai eu raison de ne pas faire calculer Nathaniel, fils de Judas. Ce chiffre l'aurait ébloui, et il aurait forcé, sans s'en douter, le produit des intérêts.

J'ai dit à mon ami le capitaine marin. Dans combien de temps, un capital de cinquante millions, placé à l'intérêt composé à 5 0/0, (le juif aurait mis au moins 50 0/0, il aurait ajouté un zéro) amortirait-il un capital de neuf cent cinquante millions ?

Il fit aussitôt son calcul et il m'apprit qu'en 63 ans l'affaire serait faite.

Soixante-trois ans ce n'est rien ! Je me suis alors demandé pourquoi M. le Ministre de la justice, votre supérieur, ne mettait pas cela en train.

Mais je vois que je vagabonde en France au lieu de rester en Algérie. Revenons-y.

Qu'allez vous faire me direz-vous des officiers ministériels actuels ? Comme je ne leur veux pas de mal, qu'ils sont charmants et dévoués parce qu'ils ne sont pas fonctionnaires, et qu'ils ont été nommés à vie, je crois qu'il n'y a pas lieu de leur louer. Seulement on devrait évaluer le revenu de leurs charges et leur faire payer une redevance annuelle fixée sur le 5 0/0 du revenu. On aurait comme cela tout de suite des fonds pour la sécurité, moins incontestablement que par l'adjudication, mais enfin il faut bien un commencement à tout.

Il faut bien une fin aussi n'est-ce pas ? Je vais terminer sur la solution d'une objection. Ce n'est pas juste, va-t-on s'écrier, de faire payer les officiers ministériels actuels, vu qu'on les a placés là sans leur dire qu'ils auraient à payer. Il y a quelque chose de vrai là dedans, mais tenez que je vous raconte.

J'avais dans les Hauts-Plateaux deux chambres inoccupées. Un jour un alfatier, sa femme et leurs quatre enfants, me tombent sur les bras, dans une misère noire.

Je les place dans mes deux chambres, je donne du travail au mari et je ne leur fais pas payer le loyer. Trois ans après je leur dis que j'ai besoin de mes chambres pour mettre en sûreté mes récoltes. Non je veux rester me dit l'alfatier. Alors payez-moi des loyers. Comme je n'en en ai jamais payé, je n'en paierai jamais répond-il.

Nous sommes allés devant le Commandant supérieur juge de paix, pour faire trancher la chose. Cet officier magistrat m'a donné raison. Il a dit à l'alfatier que ce n'était pas un motif parce qu'il n'avait jamais payé depuis 3 ans qu'il ne paierait jamais dans l'avenir. L'alfatier a dù payer. Il était de mauvaise humeur le premier mois quand je lui ai présenté le reçu, puis cela lui a passé. Avec le loyer moi j'ai fait bâtir un hangar et j'ai eu la sécurité pour mes récoltes.

Eh bien il doit en être de même pour les officiers ministériels actuels.

Ouf j'ai fini ! Que c'est long tout de même quand on veut expliquer quelque chose et qu'on ne sait pas s'expliquer. Aussi comme mon bon ami Messire Jean de La Fontaine je crois que :

> ...... Ce discours un peu fort,
> Doit commencer à vous déplaire,
> Je finis. Punissez de mort
> Une plainte un peu trop sincère.

Les Pères Conscrits de l'antique Rome n'ont pas puni de mort le paysan du Danube. Je pense que vous me ferez grâce aussi.

Ils ont écouté l'ours mal léché. Écoutez aussi le colon nomade des Hauts-Plateaux qui n'hésite pas à vous présenter,

Monsieur le Procureur Général,

l'hommage de son profond respect, tout en reconnaissant qu'il n'a jamais été et n'est qu'un pauvre hère, et qu'il sera toujours

Un paysan du désert.